그녀는 빨간 신호등을 보고 있다

| 밥북 기획시선 41 |

그녀는 빨간 신호등을 보고 있다

김고니 시집

시인의 말

그런 신을 사랑하는 인간이었나 보다

인간을 너무나도 사랑하는 나는
아마도 신이었나 보다

아무것도 가진 것이 없고
아무것도 보지 못하는,
바위보다 약하고 풀뿌리보다 허무한
구름 뒤의 신

때론 모든 것을 알고 있는 것처럼 길을 나서지만
문득 어디로 가고 있는지 잃어버린 아이처럼,
골목을 뛰며 헤매다가 울음을 터뜨려버린 꼬마처럼,
아무것도 알지 못하는 돌멩이였나 보다

인간을 너무나도 미워하는,
아무것도 사랑하지 않고
누구에게도 주고 싶어 하지 않는,
바람보다 차갑고
모래를 삼킨 해의 혓바닥보다 뜨거운,
안아주고 싶지도 않은, 그런 인간을 사랑하는

심장을 잃어버린 채
모습조차 사라져버린,
아무도 본 적 없는
거짓말 같은 신

2025년

김고니

차례

4 시인의 말

제1부 네가 나에게 맨발로 오면

10 강물은 막다른 곳으로 흘러가지 않는다
11 너에게 전화를 걸고 싶은 밤
12 그녀가 사랑을 말할 때
14 네가 나에게 맨발로 오면
16 달빛이 쏟아지던 밤에
18 달의 숨소리를 들으며 걷는 사람들에게
20 만약에
21 메밀꽃 필 무렵의 고백
22 물들어간다는 말을 너에게 해주고 싶었어
23 비밀의 문
24 사랑이 시작될 때
26 소나기
27 아이처럼
28 어둠이 너에게 닿으려 할 때
29 타로카드를 여는 밤
30 어둠의 문을 열고
32 테이블 하나
33 해변, 담배, 그리고 우리
34 한 줄의 빛으로 써 놓은 고백
36 행복한 전봇대가 서 있는 길에서

제2부 한 방울의 슬픔이 바다가 될 때까지

40 가슴이 찢어진다는 말
41 그와 내가 그림자가 되는 밤이 있다
42 괜찮을까요
44 그녀가 사랑한 것은
46 그대의 이름을 부르지 못한 밤에
48 그런 벽이 있다면
50 그와 함께 사진을 찍었던 그녀는
52 나는 오래 머물지 않는 것들을 사랑했다
54 다 거짓말이었는지도
55 바보 같은 그녀는
56 백야
58 벗어놓은 시간
60 불면이 그리는 아크릴화
62 사랑하지 않는 날들의 상처
63 상처는 안개처럼 온몸으로 번져가고
64 사무친다는 말 앞에
66 여우의 기억
67 제비꽃
68 우울이 꽃처럼 터질 때
70 사랑을 모르는 그녀에게

제3부 그녀는 빨간 신호등을 보고 있다

72 겨울 길을 걷는 법

75 가로등이 많아진 이유는 어둠 때문이 아니다

76 그녀는 파란 신호등을 보고 있다

77 그녀는 빨간 신호등을 보고 있다

78 날개

79 달리는 그녀를 사랑한다

80 너는 지금도 어느 도로를 달리고 있겠지

82 눈보라 속을 걷고 있는

84 또 하루

85 뒤척이며

86 미러엔 온통 감자꽃이었다

87 브레이크가 고장 났다고 합니다

88 비를 맞은 핸들은 그냥 조금 미끄러운 것 같아

90 빗물에 나뭇잎이 떨어지는 것을 보았다

91 아무렇지도 않게

92 사다리를 올라간다

94 어둠이 돌아올 때

96 얼마나 오랫동안 기차를 기다렸는지 모르겠습니다

98 운전석에서

100 회상

제4부 혼자 걸어가는 사람의 뒷모습을 보았습니다

102 고양이가 사는 기차역

104 꽃이 떨어지는 소리

106 국제 강아지의 날에

107 그만큼만

108 나는 그동안 깊은 잠에 빠져 있었어

111 네가 있던 마음에 아직도 동그라미가 생긴다

112 네 글자로

113 디지털 문해교실

114 눈물 샤워란 노래를 틀고

116 숲이 들려준 이야기

118 아가씨꽃을 읽으며

119 아들의 뒷모습을 보았다

120 아카시아 나무에

121 월정사 전나무숲길을 걷고 있었습니다

122 어떤 모습의 밤이면

124 유튜브를 보면서

125 천국의 이름

126 잠자리가 날아갈 때

128 처음으로

130 한 송이가 된다는 것

132 혼자 걸어가는 사람의 뒷모습을 보았습니다

제1부

네가 나에게 맨발로 오면

강물은 막다른 곳으로 흘러가지 않는다

그녀가 그를 만나 행복하다고 말한다
그것은 시든 꽃잎을 보며 울지 않는 일이다

그의 뒷모습은 어둠을 털고 나온 낮달처럼
하늘을 걷고 있다

강물이 반짝인다

날개를 털고 있던 물새들이
빛의 물결 속으로 흘러간다

그녀가 그를 만나 사랑한다고 말한다
그것은 막다른 곳에서 길을 찾는 일이다

너에게 전화를 걸고 싶은 밤

하고 싶은 말들이 많았던 밤
편의점에 들러 맥주를 사려다
소주를 들고 돌아오던 밤

너는 어느 드라마에 나오는 남자처럼
술로 밤을 채우던 사람
혼자 사는 남자가 술잔은 왜 그리 많은지
아침이 올 때까지 마셔도
다 채우지 못할 것만 같은 빈 잔

나는 어느 골목의 고양이처럼
웅크리고 앉아있는 사람
혼자 보는 밤하늘엔 술잔처럼 많은 별들
새벽이 오는 소리를 들어도
다 가질 수 없는 숨소리

만지고 싶은 네가 너무나 많았던 밤
너의 집 앞에서 서성이던 밤
네모 안에 쓰여 있는 이름을 바라보다가
너의 입술을 마시듯
술잔을 기울이던 밤

그녀가 사랑을 말할 때

나는 그날, 아무것도 느끼지 못했어

그녀가 말했다
그렇게 말하는 동안
그녀는 파도가 온몸을 훑고 지나가는 바위처럼 보였다

눈동자를 바라보고 있으면 먼 우주를 바라보는 것 같았어
텅 빈, 어둠으로 가득 찬 시간이 조금씩 내게로 다가오는 것 같았어

그녀가 그를 떠올리며 말할 때
나는 그녀의 눈동자에 들어있는 그를 볼 수 있었다
어둠으로 태어났지만 빛을 가진 사람
날아오를 수도 없고 노을이 될 수도 없지만
그녀를 바라볼 때면 날개가 돋아나는 사람

그가 나를 부를 때
나는 어둠 속에 숨어 우는 풀벌레들의 빛과
달이 하늘에게 고백하는 소리를 들었어
그가 나를 만질 때,
나는 자꾸만 돌아보다 잃어버린 지도와
숨겨놓았던 어린 시절의 일기장을 찾을 수 있었어

그녀는 그가 고백했던 순간을 천천히 이야기했다
나는 그녀가 아무것도 느끼지 못했다고 말하던 날이 궁금해졌다

나는 그날 아무것도 알 수 없었어

그녀는 모른다고 했다
하지만 그녀가 그렇게 말하는 동안 바람이 불어왔고
어디선가 나뭇잎이 떨어지는 소리가 들리는 것 같았다

그때 나는 그를 느낄 수 있었다
그는 아주 가까운 곳에 서 있는 커다란 나무 한 그루,
그녀의 눈동자 속에 터질 듯 담겨있는 아주 따뜻하고 커다란 나무였다

네가 나에게 맨발로 오면

사랑이 시작될 때
우리는 높은 산을 이고 서로에게 다가간다
주고 싶은 것이 너무 많아
숲의 나무들을 하나씩 어루만지는 시간들을 함께 하고 싶다
나는 한 잎의 추억도 흩어지지 않도록 모으고 또 기억하려 한다

사랑이 짙어져 갈 때
우리는 바다에 앉아 물새들을 바라본다
수평선을 마주하고 바라보는 얼굴은 아무 말을 건네지 않아도 알 수 있는 이름
가만히 잡은 두 손으로 파도가 스며들면 노을에 젖은 구름을 덮고 잠드는 저녁
한밤의 별은 헤아릴 수 없이 많아도 새벽을 홀로 지키는 별 하나를 사랑하는 마음

사랑이 흘러갈 때
그는 나의 지친 발걸음 소리를 듣지 못하고
홀로 숲길을 걸으며 산새들과 이야기를 나누었다
나는 길에 나온 다람쥐처럼 먹이를 물고 집으로 돌아가는 날이 많았다
바다를 지키는 두 개의 등대는 사이가 점점 멀어지고
수평선은 기울어 수직으로 서서 우는 밤이 많아졌다

사랑이 끝날 때
우리는 너무 많은 산을 이고 돌아섰다
서로에게 주었던 수많은 꽃들과 함께 나누어 먹었던 달콤한 열매들은
어느 그림 속의 이야기처럼 벽에 걸리고
잠들어 버린 나무는 새들의 노래를 듣지 않고 아침을 마주했다

사랑이 시작될 때
나는 너에게 맨발로 오라고 말하고 싶다
아무것도 없는 빈 대지에서 서로가 마주 보며 이름을 부를 때
꽃은 처음 보는 아침처럼 눈을 뜨고 나무는 햇살을 열고 바다를 부른다

너는 아무것도 없이 맨발로 오면 좋겠다
그저 두 팔을 벌려 가슴을 열고
온 생을 걸고 사랑한다고 말할 수 있는 그런 눈빛으로 내게 오면 좋겠다
그러면 나는 태어나 처음으로 너를 바라보는 사람처럼 너에게 갈 수 있을 텐데

달빛이 쏟아지던 밤에

아무도 깨어있지 않은 밤
나는 홀로 일어나 창가에 섰습니다

하늘에 걸려있는 푸른 알이
소리를 내며 움직입니다

알 속의 새는 작은 부리로
커다란 알을 두드리고 있습니다

나는 구름이 되어
새의 곁으로 다가갑니다

조금만 더 힘을 내어 보라고 말하는 대신
알을 꼭 안고 밤을 지켜줬습니다

알 속의 작은 새는 지쳐 보입니다
조금씩 작아지는 것도 같습니다

나는 새가 지쳐 포기하면 어쩌나
날개를 열고 커다란 새가 되었습니다

부리로 알을 조금씩 건드려 봅니다
작은 새는 어쩌면 쓰러져 있는지도 모릅니다

나는 문을 두드리듯 날갯짓을 합니다
날개 사이로 바람이 불어옵니다

푸른 알이 속삭입니다
날개를 열고 하늘을 만지고 싶다고

달빛이 쏟아집니다
알이 깨어집니다

작은 새의 하얀 날개가
세상을 열고 날아오릅니다

달의 숨소리를 들으며 걷는 사람들에게

잠 못 이루던 사람들은
마침내 잠을 거절하기 시작했다
눈을 뜬 채로 밤을 보내기로 한 것이다

어둠이 끝나기를 기다리며 아침을 부르다 목이 쉬어 버린 나는
거리를 걷고 있는 달의 숨소리를 들었다
희미하게 웃으며 잠 못 드는 사람들 사이를 천천히 걸어가고 있
는 달빛

어떤 사람들은 술잔을 기울이며 옛사랑을 노래했고
어떤 사람들은 네모 안의 빛이 움직이는 대로 눈동자를 움직였
으며
또 다른 사람들은 텅 빈 거리를 걸으며 발자국 소리에 갇혀 있었다

그들은 아팠다
어둠속으로 들어가 몸을 웅크린 채 아침을 기다리고 싶었는데
어디로 가든 비추며 따라오는 달빛이 싫었다

베어내면 작아질 것도 같아 반달로 만들었을 때
쪼개진 달의 조각들이 파편으로 날아와
심장에 박힌 밤들이 아팠다

그들은 더 이상 어둠 속에 숨어있을 수 없었다
스스로 달빛이 되어 거리를 걸을 수밖에

심장에 달을 품은 사람들은 잠을 잃어버린다
옛사랑의 이야기도 네모 안의 불빛들도
그들이 지나가는 발자국이 되어 따라 걷는다

잠 못 이루는 사람들은 마침내 밤이 되기로 했다
달의 숨소리를 들으며 아침을 기다리기로 한 것이다

만약에

네가 나를 좋아하게 되면
풀벌레 소리에 설레어 잠 못 이루게 될 거야
세상에 묻혀 들어본 적 없던 울음소리에
자꾸만 돌아누우며 잠을 설치게 될 거야

네가 나를 바라보게 되면
사람의 눈동자에도 달이 뜬다는 것을 알게 될 거야
한 사람의 두 눈에 얼마나 많은 세상이 담겨있는지
그런 세상을 알고 싶어 얼마나 많이 물어봐야 하는지 알게 될 거야

네가 나를 안아주게 된다면
네가 몰랐던 너의 이름을 부르게 될 거야
심장 속에 감추어 두었던 아픈 날들의 이야기를
가만히 꺼내어 마주 보게 될 거야

만약에 네가, 나를 사랑하게 된다면
잠들지 않고 너의 목소리를 듣고 싶어
풀벌레 소리처럼
달빛처럼
아프지 않은 이야기를 밤새 들려주게 될 거야

메밀꽃 필 무렵의 고백

너의 얼굴을 그리고 싶다
메밀꽃, 그 작은 꽃잎 위에

당나귀가 지나간 길에
꽃잎은 너의 얼굴로 피어있다

달빛이 내리면
소금을 뿌려놓은 듯 하얀 꽃잎이라고 했나

첫사랑처럼 피어난 꽃은
마주 보고 있어도 그리운 햇살이었다

바람의 얼굴로 꽃을 안을 때
나는 들었다, 들판 가득 울리는 꽃잎의 고백을

메밀꽃 필 무렵이었나,
너를 사랑했다
꽃으로 피어난 하늘의 이름을

물들어간다는 말을 너에게 해주고 싶었어

물들어간다는 것은
해를 품은 잎사귀가 붉게 변해가는 게 아니라
어머니가 주신 빛으로 돌아가는 거래
세상에 나올 때 손에 쥐고 울었던
처음의 빛을 기억하는 거래

바람에 물들어가는 산을 보며
눈물을 흘리지 않아도 된다고 말해주고 싶었어
사랑한다는 것은 처음의 나로 돌아가는 거라고,
빛이 바래듯이 나를 잃어가는 것이 아니라고 말해주고 싶었어

너의 푸른 날들을 기억해줄게
내가 함께 하지 못했던 연둣빛의 꿈도 안아줄게
나에게 닿을 때마다 물들어가는 너를 보면서
나도 그렇게 처음으로 돌아가는 것을 느껴

사랑한다는 말보다 더 아름다운 말을 하고 싶었어
우리가 함께 물들어가는 시간 속에서
처음의 너를 만나고 있다고,
이 순간을 얼마나 기다렸는지 너에게 말해주고 싶었어

비밀의 문

그는 말했다
등대와 등대 사이에 문이 있다고
문틈 사이로 바람이 일렁일 때
터질 듯 하늘을 담은 눈동자가 별이 된다고

나무와 나무 사이에도 문이 있다
언젠가 그가 문을 열고 지나갔던 그곳에
여전히 서 있는 바람을 보았다

그와 나 사이에도 문이 있었으면 좋겠다
바람이 불 때마다 푸른 물결이 일어
닿을 듯 닿지 않는 거리만큼 햇살이 쏟아졌으면

사랑이 시작될 때

그는 얼음 속에 갇혀 있었다

투명하고 푸른 얼음 속의 그는
슬픈 눈으로 나를 바라보았다

그렇게 오래도록 얼음 속에 있으면서도
어떻게 숨이 멈추지 않았는지 모르겠다

나는 그에게 정말 심장이 남아있는지 알고 싶었다
그래서 그를 만지고 싶었다

손끝에 닿은 얼음은 단단하고 틈이 없었다
그래서 간절히 그의 이름을 불렀다

내 손은 마치 물결 속으로 빨려 들어가는 것처럼
얼음 속에 있는 그의 심장을 만졌다

온기가 없는 그의 심장은
손이 닿는 순간 뛰기 시작했다
쿵쿵, 얼음이 울렸다

그와 내가 잠겨 있는 차가운 바다가
조금씩 흔들리기 시작했고
동그란 물결이 하나씩 생겨났다

그는 얼음 속에서 나의 이름을 부르기 시작했고

우리는 그렇게 서로의 이름을 부르며
커다란 얼음을 천천히 녹이기 시작했다

소나기

차들은 빗길을 지나가고
길 위엔 서로 다른 우산들이 걷고 있다
유리창 안엔 빗물보다 아픈 소주병을 들고
잔을 기울이는 사람들이 앉아 있다

그녀의 어깨는 빗물에 살짝 젖어 있다
후두둑, 빗방울이 떨어지는 저녁을 피하려고
처마 밑으로 들어가 비를 그을 때
빗줄기는 점점 굵어지고 있다

그의 어깨는 벌써 젖어있다
쏴아, 쏟아지는 빗줄기를 피하지 못하고
몸을 돌리려 할 때
하늘은 점점 어두워져 문을 닫고 있다

소나기가 내리고 있다
그녀는 젖은 어깨를 털고
그는 돌아서던 걸음을 멈추고
하늘은 왠지 점점 붉어지고

길 위엔 똑같은 우산이 걷고 있다

아이처럼

아이처럼 다시 말을 배웠으면 좋겠다
눈에 보이는 모든 것들이 신기하고 예뻐
구슬처럼 동그란 말들을 뱉어내고
뭐가 그리 좋은지 방긋 웃는
그런 보드라운 입술로 돌아가면 좋겠다

처음부터 걸음마를 다시 배웠으면 좋겠다
물웅덩이 앞에서도 더러워질까 망설이지 않고
살짝 얼어버린 길을 걸을 때도 겁내지 않는
그저 앞으로 나아가는 것만 알고 있는
해맑은 작은 발이 되면 좋겠다

처음부터 다시 살았으면 좋겠다
사랑하는 것 말고는 아무것도 모르는
누군가의 손을 꼭 잡아주는 것만으로도 웃을 수 있는
그저 해맑은 빈손으로 다시 살고 싶다

어둠이 너에게 닿으려 할 때

네가 혼자 걸었던 길을 뒤돌아봤을 때
어둠보다 먼저 켜지는 가로등이 되고 싶다
빗방울이 너에게 내리려 할 때
빗물보다 먼저 달려가 햇살이 되고 싶다

네가 혼자 울던 날들이
구름이 되어 너를 따라다닐 때
더 가까이 너에게 다가가
내가 먼저 울어주는 우산이 되고 싶다

슬픔이 너에게 닿으려 할 때
네가 술을 마시며 빗물처럼 울 때
내 안의 모든 슬픔을 불꽃처럼 태우고
너를 위해 달려가 햇살로 울어주고 싶다

타로카드를 여는 밤

그가 첫 번째 카드를 내밀었을 때
매미가 울기 시작했다
땅속을 벗어난 삶을 울음으로 터뜨리는 날개에
공사장의 소음이 불투명한 덧칠을 하는 아침이었다

지난밤은 없었다
그가 두 번째 카드를 가져가며 밤을 접었다
허물을 벗고 울기 시작하는 매미처럼 노래하는 밤이었다

소나기에 숨어버리는 울음처럼 가만히 그의 이야기를 듣다가
태풍에 흔들리는 문처럼 부딪히다가
속도제한에 걸린 바퀴처럼 천천히 시간을 풀어놓는 전화기

내게 못다 한 말들이 그렇게 많은 줄도 모르고 살았다
세상의 모든 말들을 끌고 다니던 날들을 마주하는 밤이었다

마지막 카드는 없었다
지난밤을 풀어놓은 머그컵 속의 예가체프
입맞춤으로 끝나지 않는 이야기들을 숨기고
아카시아 꽃잎이 떨어진 나무 위에서
매미들의 울음을 삼키는 까마귀처럼 앉아 있었다

어둠의 문을 열고

동굴에도 문이 있다는 것을 오래전에 알았다면
나는 조금 더 많은 빛을 열고 세상을 볼 수 있었을 것이다

동굴과 세상 사이에는 문이 있다
문이 열리는 시간, 그때의 빛은 내게 길을 가르쳐 준다
하지만 나는 눈이 멀어 별을 볼 수 없는 사람이 되고 싶었다
길을 잃어 헤매다가 발이 부르트고 싶었다

그렇게 좁은 동굴 속에서 길을 잃은 척
벽에 머리를 부딪치며 유리 꽃을 피우고 싶었다
어둠 속에서 유리 꽃에 베인 손가락이
밤보다 검은 피를 흘리는 것을 좋아했는지도

어둠과 어둠 사이에서 그림자가 되어버린 사람을 만났다
빛과 빛 사이에서 눈이 멀어버린 나는, 그를 바라보며
아주 잠깐 불꽃이 일렁이는 것 같다고 생각했다
영원이기를 바랐는지도 모르지만

그는 나보다 더 짙은 어둠이었지만
어둠 속에서 불꽃을 만드는 사람이었다
나는 그 불꽃을 바라보며 동굴 앞에 서 있다
문 앞에서 일렁이는 그의 그림자를 만지며

그는 한 걸음씩, 동굴 속으로 더 깊이 걸어왔다
나는 눈이 멀어 별을 볼 수 없는 사람이지만
그의 심장이 쏟아내는 별이 가득한 동굴 속에서
아주 잠깐 웃을 수 있었다, 어쩌면 영원이었는지도 모르지만

테이블 하나

너의 방에는 아무것도 없다
나비의 날개를 담은 작은 액자와
걸려있지 않은 벽시계,
시간을 거슬러갈 수 있는 노래들이 있을 뿐

너의 방엔 너무나 많은 것들로 가득 차 있다
시들지 않은 꽃들과 어제 취했던 술병
읽지 않은 책들로 쌓아놓은 세상들

방을 둘러보면 커다란 창문이 보인다
벽면 가득 세상을 담은 유리엔
처음부터 하나였던 우리가 그림처럼 사랑을 하고

너의 방에 언제나 내가 있었으면 좋겠다
아무것도 없는 방안에 테이블 하나 놓고
아침을 바라보며 마시는 차 한잔,
비 오는 소리를 들으며 흘리는 슬픔을 차려놓고
너와 마주 앉을 수 있다면

너의 방을 가득 채우는 것들이
오직 나였으면 좋겠다

해변, 담배, 그리고 우리

그가 수평선을 비스듬히 잡고
숨을 내쉴 때
파도가 하얗게 부서졌다

그가 하늘처럼 숨을 쉴 때
등대는 멀리서 불빛으로 대답했다

안개처럼 퍼지는 그의 숨소리가
너무 오래 해변에 서 있지 않기를

그가 숨을 쉴 때마다
나는 바다에 서 있었다

그가 등대에 입술을 댈 때 파도가 하얗게 부서졌다

한 줄의 빛으로 써 놓은 고백

비스듬히 열어 놓은 문이
빛의 선을 그리고 있다

그렇게 많은 불빛들을 보았지만
문이 그려놓은 선을 만난 것은 처음이다

나를 향해 똑바로 서 있지도 않고
어딘가를 가리키는 것도 아닌
그냥 취한 듯 누워있는 빛

그 한 줄의 빛이
얼마나 많은 이야기를 하고 있는지
나는 알고 있다

그래서 문을 열지 않고
어두운 복도에 발을 멈춘 채
빛이 써 놓은 이야기를 보고 있다

문에 가까이 다가갈수록 이야기는 선명해진다

마침내 문을 열었을 때 쏟아지는 고백들,
나는 뭐라고 대답해야 할지 몰라
그저 한 걸음 더 가까이 걸어갈 수밖에

행복한 전봇대가 서 있는 길에서

그가 사실은 전봇대였다는 걸 아주 오랜 시간이 지난 후에야 알게 되었습니다
그걸 왜 알아차리지 못 했냐고 물어본다면 나는 꼭 그를 만나보라고 말하고 싶습니다
그와 눈을 마주칠 때면 외로운 사람처럼 보이기도 하고 행복을 아는 사람처럼 보이기도 했으니까요

그가 걸을 때면 그림자는 검은 신발 속으로 숨어 발자국 소리를 내고 있다고 생각했습니다
나보다 긴 그림자가 선으로 따라 걸을 때면 그의 마음이 그렇게 생겼을지도 모른다고 상상하면서
그가 바람보다 빠르게 달려갈 때면 내가 너무 오래 그를 바라보고 서 있었는지도 모른다고 고개를 끄덕이면서
가끔 뒤돌아보며 무언가를 물어볼 때면 내가 건네는 대답들이 오히려 질문보다 모호하다는 것도 모르면서
전깃줄처럼 길고 긴 이야기들을 그에게 쏟아냈습니다

어느 술 취한 밤, 흔들리며 걷던 길 위에서 고백처럼 그를 껴안았을 때 나는 알게 되었습니다
그가 사실은 전봇대였다는 사실을 말이에요
밤이면 별이 되고 아침이면 햇살이 되는, 사실은 너무 차갑고 쓸쓸해
안으면 안을수록 눈물이 멈추지 않는 전봇대라는 걸 알게 되었을 때
나는 길 위에 그를 남겨두고 돌아설 수밖에 없었습니다

그가 전봇대라는 사실을 알게 되는 사람이 또 있어
그를 껴안고 밤새 울어주는 사람이 있었으면 좋겠습니다
그와 눈을 맞추고 외롭지 않았냐고 물어봐 주었으면
그가 눈물을 흘리며 안길 때
밤새 그를 안고 술 취한 밤의 노래를 불러주는 사람이 있었으면 좋겠습니다

세상 어딘가에 행복한 전봇대가 살고 있다는 걸 본 사람이 있었으면

제2부

한 방울의 슬픔이 바다가 될 때까지

가슴이 찢어진다는 말

등받이가 찢어진 의자와 마주 앉았다

오래전 그곳에 앉아 있던 사람의 무게만큼
틈이 되어버린 하얀 선

삶을 베어버린 칼날이 나를 보고 있다

시간을 달리다 틈으로 멈춰버린 등받이가
또 나를 찌른다

벽에 걸린 시간은 눈치도 없이 묻는다
이런 반복이 아픈 거냐고

고인 핏물이 터져버릴 때쯤
의자보다 더 많이 찢어져 버려질 때쯤

눈치도 없이 의자에서 일어날 수 있냐고

그와 내가 그림자가 되는 밤이 있다

거짓말을 하기 쉽다고 생각해서였나,
바닥에 누워 발을 들어 올린 채
어디론가 가는 척을 했다

너무 많이 걸어 발이 무거운 것처럼
조금씩 천천히 움직이는 그림자

돌아누워 벽을 바라보면
그림자는 다른 곳을 바라보고 있다

나를 따라오면 안 되나
등을 돌리고 누운 밤이 추워
잠이 오지 않는다

그래도 우리는 같은 방에 누워 있다
다른 불빛 속을 걷고 있지만
하나의 그림자가 될 것만 같아
거짓말처럼 잠든 척을 하던 밤이다

괜찮을까요

나는 슬픔을 꺼내기 싫어
가방 속에 넣고 다닙니다

가방 속에 들어있는 슬픔은
어둠이 싫어 흐느껴 울지만
나는 모른 척을 합니다

어떤 날은 돌아눕는 슬픔이
탯줄로 이어진 아이처럼 느껴집니다

그런 날은 슬픔을 꺼내어 안아주고 싶다가도
지퍼를 열자마자 하늘로 올라가 구름이 되어
큰비로 쏟아질 것을 알기에 내버려둡니다

슬픔은 꽃잎을 좋아합니다
가방 안에는 오래전에 넣어두었던 꽃잎 한 장이
슬픔을 덮어주고 있습니다

오래된 꽃잎은 뒤척이는 슬픔 때문에 부서져 버릴 것만 같습니다
그러면 슬픔은 가방 속에서 폭풍처럼 울어버릴지도 모릅니다
나는 그것을 모른 척할 수 있을까요

가방 속에는 슬픔이 들어있습니다
어떤 날은 가방이 너무 무거워 길에 앉아 있을 때가 있습니다
그런 날은 가방을 안고 슬픔처럼 울고 싶습니다

나는 울고 싶지 않아
슬픔을 가방에 넣고 다닙니다

그녀가 사랑한 것은

그녀가 사랑한 것은 한 뼘도 안 되는 소주잔이었다

처음에 그녀는 소주를 사랑한다고 생각했다
입술을 적시고 온몸으로 퍼지는 뜨거운 술이 좋아
탁자를 사이에 두고 앉은 그를 오래 잡아 두려 했다

그녀의 손에는 아무것도 없었지만
소주잔을 잡고 있을 때는 세상을 손안에 넣은 것만 같은 생각이 들어
집으로 돌아갈 때까지 잔을 놓지 않고 술이 줄어드는 것을 바라보았다

술병을 기울이면 잔은 다시 차오르고
술잔을 기울이면 슬픔이 차오르는 밤이 깊어갔다

처음에는 잔 속에 웃음이 담겨 그리 재미있지도 않은 말들에 웃다가
잔이 여러 번 기울고 나면 한순간 꽃잎 터지듯 울음이 시작되었다
그녀가 울기 시작하면 술잔은 비틀거리고
나중에는 빈 잔이 탁자 위에서 무표정하게 그녀를 바라보았다

그녀는 소주잔을 사랑했다
처음에는 그를 사랑했고, 그다음엔 술을 사랑했지만
이제는 아무것도 담기지 않은 텅 빈 소주잔을 꼭 쥔,
그녀의 빈손을 사랑한다

그대의 이름을 부르지 못한 밤에

그대가 건네준 꽃잎이 바람이 될 때까지
나는 그 언덕에 서서 기다렸습니다
나를 바라보는 저 달이 당신을 비추고 있을 것만 같아
꼭 쥔 손으로 꽃잎 같은 이름을 불렀습니다

아픈 사랑을 하는 사람들에게는
강물이 흐른다는 이야기를 들었습니다
건널 수 없는 물결을 바라보던 눈물이 달을 채우면
꽃잎 하나 떨어져 바람이 된다는 이야기를

당신이 강의 건너편에서 내 이름을 부를 때도
꽃잎이 떨어지고 있었나요
그 꽃잎으로 배를 만들어, 달이 사라진 날이면
어둠 속을 건너가고 싶었습니다

영원을 사랑하는 사람들은
날개가 붙은 새가 된다는 이야기를 들었습니다
같은 하늘을 살며 바람을 나누는 새처럼
당신과 언덕을 날고 싶었습니다

꽃잎이 바람에 흩어지고
빈손엔 그대의 이름만 남아있습니다
그래도 괜찮습니다

나의 마음은 뿌리가 붙은 나무처럼
그대에게 닿아있기 때문입니다
꽃잎으로 만든 날개로
그대에게 가는 밤이 있기 때문입니다

못다 한 사랑이 달빛으로 흐르는
깊은 강물이 되기 때문입니다

그런 벽이 있다면

벽이 부서져 버렸어
너에게로 가는 길이 무너진 거야

벽 앞에서 몇 번이고 몸을 부딪쳤지만 너에게 갈 수 없었어
해리포터의 승강장처럼 내게도 너에게로 가는 벽이 있었거든

퍼티를 샀어, 벽을 고치려고
그런데 중요한 도구가 들어있지 않았어
퍼티를 펴 바르는 도구가 빠져있는 거야
나는 또 절망했지

하지만 그렇게 주저앉고 싶지는 않았어
부서진 벽 앞에서 너무 오래 울었거든
서랍을 뒤져보니 호떡 뒤집개가 나왔어
시멘트를 바르는 아저씨를 오래오래 지켜보던 어린 시절이 생각났지
호떡을 사 먹던 그때의 나는 벽을 통과하는 법을 알고 있었어
어른들은 시멘트를 세멘이라고 불렀는데
시멘트와 세멘은 왠지 다른 물질인 것처럼 느껴져

쉬운 일이 아니었어, 구멍은 생각보다 훨씬 컸어
석고만 부서진 게 아니라 합판도 부서졌던 거야
그래서 텅 빈 공간이 너무 컸어
퍼티는 한 줌이었는데 그걸로 그 큰 구멍을 메꾸기에는 턱없이 모자랐지
그래도 다행인 게 퍼티와 함께 그물망이 들어있었어
그걸 벽에 붙이고 그 사이로 퍼티를 밀어 넣은 다음 벽을 만들면 되는 거야
아직도 텅 빈 벽이지만 부서지지 않은 벽과 구멍이 아슬아슬하게 이어지는 거야

나는 결국 벽을 만들었어
단단하지는 않지만, 퍼티 너머 텅 빈 구멍이 남아있지만
너에게로 가는 벽이 된 거야
벽 앞에서 울었어, 오래오래 울었어
이제 해리포터처럼 벽을 통과하면 되는 거야

그와 함께 사진을 찍었던 그녀는

얼굴이 하얗고 조그만,
왠지 한 번도 화를 낼 것 같지 않은
천사 같은 얼굴의 사람이었다

그녀가 예쁘게 써내려간 편지는
내가 한 번도 받지 못했던,
넘치는 사랑을 받은 것 같은
행복한 사람의 고백이었다

그가 사랑했던 그녀는
내가 한 번도 만나본 적 없는 여자였지만

그와 함께 시간을 나눈 그녀는
내가 미워할 수 없는 그의 여자였지만

그의 시간 속에는
여전히 그녀가 살고 있는지도 모르지만

그를 울렸던 그녀마저도
나는 사랑할 수 있기를
그녀를 사랑했던 그 마음까지도
이젠 내 것이기를

사진 속의 그녀는
그냥 사진 속에서만 살고 있는
그런 사람이기를

나는 오래 머물지 않는 것들을 사랑했다

그림자를 끌어안고 쓰러진 나무가 되었다
칼날처럼 나를 베고 가는 사랑 앞에서

언덕을 기어오르는 등에 나뭇잎이 한 장씩 쌓이고
바람에 밀려온 한 줌의 흙과 어디서 왔는지 모를 빗물이
마치 사랑을 나누는 것처럼 뒤엉키고 있다

언덕의 끝에는 오래 머물 수 있는 집이
나를 기다리고 있을 거라고 믿으며
힘겨워도 조금씩 가지를 뻗고 있었다

햇살이 나뭇잎 사이를 빠져나가는 것을 사랑했다
눈이 부셔도 견딜 수 있다고 생각하며
해가 시작되는 곳을 오래 바라보려 애썼다

조금씩 올라간다고 믿고 있었다
나를 베고 간 바람의 끝이
그곳에서 기다리고 있을지도 모른다고 생각하며
조금씩 가지가 자라고 있는 줄 알았는데

하늘에서 수직으로 날개를 꺾으며 날아오던 새가
다시 하늘로 솟구치며 말했다
왜 거꾸로 누워있는 거냐고

바오밥 나무처럼
뿌리를 하늘로 내리며 땅으로 올라가고 있었다

사랑이 나를 바람처럼 베고 갔을 때
한 줌의 재가 되어버릴 장작처럼
토막 난 몸뚱이로 숲에 버려져 있었는지도 모른다

거꾸로 언덕을 기어오르는 나무도 될 수 없는
뿌리조차 남지 않은,
오래 머물지 못하는 바람의 그림자로 머물고 있었는지도

다 거짓말이었는지도
-어느 뱀파이어의 고백

빛을 찾아가는 중인지
어둠을 피해 더듬거리는 건지 모르겠다

그저 식어가는 피를 데울 수 있는
따뜻함을 기다렸는지도

그곳에 가고 싶지만 닿을 수 없어
차라리 반대쪽으로 더 빨리 달리기로 했다

가질 수 없는 것들에게 침을 뱉으며
사랑하고 싶은 사람들을 죽이고 돌아서며
마치 누군가를 벼랑 끝으로 밀어버린 것만 같은 얼굴을 하고

죽어버리겠다고
처음부터 태어나지 말아야 했다고
뛰어내리겠다고 소리치는 소녀처럼
살고 싶어 미칠 것만 같은 얼굴로
어둠의 손을 움켜잡았다

그것은 찬란한 태양,
내 몸을 녹이는 뜨겁고 잔인한
한낮의 소름 돋는 웃음이었다

바보 같은 그녀는

하루만 사는 그녀는
세상이 무너지는 일을 만나도
잠이 들면 다 잊어버립니다

꼭 오늘만 살기 때문에
생의 아픔을 하루에 다 끌어안아야 하는 그녀는
밤이 깊어질수록 오히려 편안해집니다

내일을 모르는 그녀는
삶을 온통 다 바쳐 사랑하는 그를 만나도
아침이 오면 잊어버립니다

어제를 기억하지 못하기 때문에
별이 터지듯 뜨거운 이별도 알지 못하는 그녀는
새벽이 오는 소리를 듣지도 못하고 사랑을 기다립니다

바보 같은 그녀는,
눈물이 너무 많아 길을 잃어버린 그녀는
사랑을 알지도 못하고 하루를 삽니다

백야

그를 사랑하게 된 날부터 밤이 사라졌다
검은 하늘은 그의 목소리로 하얗게 물들어갔고
하늘은 우리의 이야기를 가만히 엿들었다

아침이 오는 소리를 듣지 못할 만큼
서로에게 귀를 기울이며 이야기를 나눴다
내가 사랑했던 날들과 상처받았던 시간들
그가 아팠던 날들과 흘려보냈던 날들의 이야기를

밤은 우주의 저편으로 멀어져갔다
어둠은 그와 내가 바라보는 눈동자 속으로 스며들어갔다
우리는 두 손을 잡고 서로에게 환한 빛을 건네주며
사랑한다는 말을 별처럼 많이 했다

우주를 돌아 다시 찾아 온 밤은 어디로 가야 할지 몰라 문밖에서 서성이고 있었다
문을 열면 전보다 더 깊은 어둠이 찾아와 빛을 빼앗을지도 모른다는 것이 두려웠다
하지만 함께 걸어갈 수 없다는 것을 안 순간 우리는 문을 열 수밖에 없었다

그와 헤어진 그 날부터 아침은 사라졌다
나는 온통 밤이 되어버린 세상 속에서 그날의 이야기를 잊지 않으려고
어둠 속에서 별빛의 펜을 들어 천천히 그를 쓰기 시작했다

벗어놓은 시간

기억하고 싶지 않은,
어쩌면 잃어버리고 싶지 않은 시간이
옷걸이에 매달려있다
허물처럼 벗어놓은 내가 빛과 어둠을 껴안으며
옷장 속에 옆모습으로 서 있다

옷장을 닫고 한참을 뒤돌아 서 있었다
너무 많은 내가 옷걸이에 걸린 채
살아가야 할 날들을 부정하며 쏟아져 나올까 봐
등으로 문을 눌러 닫으며 한 걸음도 내딛지 못하고 서 있었다
꺼내 입으면 달려올 그 사람과의 시간과
골목을 돌아 나를 두고 가던 날의 가로등이 따라올까 봐
쿵쿵, 두드리는 소리에 마음이 약해져 돌아설까 봐
어둠의 끝은 빛이었으면 좋겠다고 소리치고 있었다

옷장을 열고 한참을 서 있었다
그 사람이 벗어놓은 내가 어둠에 걸려있었다
햇살 같은 날들과 비에 젖은 날들이 섞여
심장을 잃어버린 것들처럼 껍데기로 남아있다
정지한 것처럼 보이지만 옷장 속을 걷고 있는 나는
문을 열고 들어오는 빛을 바라보면서도 눈부시다는 말을 하지 않는다
다만 빛의 끝은 어둠이라고,
빛이 환한 길로 더 깊이 들어가면
어둠의 시작을 알 수 있다고 말한 사람을 기억하려 했다

불면이 그리는 아크릴화

눈을 감고도 느낄 수 있는 이 어둠은
내일의 것이 아니다

오늘에게 붙잡힌 마른 눈동자가
눈꺼풀의 무게를 이기지 못하고
내일을 부르고 있다

터질 듯 고여 있는 어제의 찌꺼기는 아니라고 말한다
벌써 내일이 왔다고,
빠르게 물들어가는 단풍잎처럼 붉은 달이
차가운 밤하늘에 붙잡혀 소리치고 있는 거라고 나를 설득하려
한다

눈을 뜨고도 만질 수 없는 이 불빛은
오늘의 것이 아니다

아직 도착하지 않은 태양의 숨소리가
검은 고양이의 발톱에 눌려 창밖을 채우고 있다

어둠 속에서 초록을 뱉어내지 못하는 잎새들에게
따스한 빛을 보내는 오늘의 손가락
힘겹지만 아직은 들판에서 울고 있는 풀벌레 소리에
눈물을 참으며 달려오는 태양의 발자국 소리

잠을 잔다고 다 꿈을 꾸는 건 아니다
아직 내일을 약속받지 못해 오늘을 사랑할 수 없다고 말하는 바보들의 어제가
어둠 속에서 별의 눈동자로 눈을 뜨고 있을 때
아직 도로를 질주하는 검은 동그라미의 냄새가 슬퍼지지 않을 수는 없으니까

산꼭대기에서 내려오는 나뭇잎의 붉은 발자국 소리에 잠을 설치는 새벽
고양이 발톱에 눌린 태양의 숨소리가 가까워지고 있다는 걸 두려워하지는 않는다

눈을 감지 못한다고 어제를 그리워하는 것은 아니다

사랑하지 않는 날들의 상처

달력에 적혀있는 숫자들이
지겨울 때가 있다
같은 숫자들이 반복되고
다른 숫자들이 나란히 서 있는 종이 한 장
빼곡히 적혀 있는 일들을 지우며
또 다른 날들이 시작되는 반복

동그라미 속의 숫자들이
숨 막힐 때가 있다
다른 숫자들이 기다리는 바늘과
또 다른 숫자들을 지나가는 바늘
쉴 새 없이 돌아가는 하루를 채우다
숫자들이 지나가는 시간

낯선 시간 속에 서 있는 내가
지겨울 때가 있다
하루를 모르고 살아가는 내가
숨 막힐 때가 있다
아무렇지 않게 달력을 넘기다가
시계바늘에 찔리는 그런 날이 있다

상처는 안개처럼 온몸으로 번져가고

한 번도 상처받지 않은 것처럼 사랑하라는 말이 싫었어

어떻게 그럴 수가 있어
상처가 흉터로 남아 마주 보게 되는데
어떻게 사랑을 또 할 수가 있을까

하지만 나는 또 사랑을 했어

다음 사람에게 상처를 내보이며
아프다고 말했어
아픔을 즐기는 사람처럼 말이야

사람들은 그런 나 때문에 힘들어했어
내 상처와 흉터들이 그들에게 옮겨가고 있었어

나는 멈추지 않았어
계속 그런 바보 같은 사랑을 했어
그런데 이상하지, 나는 흉터가 더 많아지고 있어

밖은 오늘도 안개로 가득해
상처는 안개처럼 온몸으로 번져가고

사무친다는 말 앞에

나는 숲속 작은 의자 위에 앉아 있다

두 무릎을 접어 가슴에 대고
울음을 터뜨릴 것만 같은 얼굴로
그를 바라보고 있다

나는 아이처럼 그의 얼굴을 만진다
가을하늘 같은 눈물을 흘리기도 전에
사무친다는 말이 먼저 나온다

그는 내 앞에 앉아있다
어깨를 늘어뜨리고 고개를 숙인 채
나뭇잎이 쌓인 바닥을 바라보고 있다

숲에 바람이 불고 있다

그는 나보다 먼저 울어버릴 것 같은 얼굴로
나뭇잎이 떨어지는 모습을 바라본다

우리는 그렇게 숲에 앉아있다

바람이 지나가는 숲속에서
나뭇잎이 떨어지는 소리를 들으며
빈 의자처럼 사무치게 울고 있다

여우의 기억

먼지에도 기억이 있다면
너에게 하고 싶은 말들을
모아둘 수 있을 텐데

빗방울에도 추억이 담긴다면
우리가 함께했던 날들이
바다가 되었을 텐데

홀린 것처럼
몰아쳐 눈을 감아야 하는 바람처럼
돌아보니 텅 빈 길가에 남은 꽃 한 송이뿐

제비꽃

그 슬픈 이름을
핏물보다 더 아픈 이름을

전설처럼 흐릿해져 가는 꽃말의 진실을

사랑했던 모든 이들에게 보낼
보랏빛 편지를

바라보다 돌아서는 발자국 소리를

봄이 번져가는 사월의 냄새를

다시 처음처럼 만날
먼 그대의 이름을

우울이 꽃처럼 터질 때

멀리 떠나가던 그가
발걸음을 돌려 달려올 때가 있습니다

이젠 다시 보지 말자고 작별인사를 해놓고
처음처럼 설레는 눈빛으로 바라볼 때가 있습니다

숲길을 돌고
해를 바라보고
좋아하지도 않는 바나나를 먹으며
그와의 이별을 노력할 때

마치 잘 마른 빨래가 소나기에 젖어버리듯
눈물이 터져 나올 때가 있습니다

푸른 하늘이 보이는 길을 달리다가
음악과 커피 향이 좋은 카페 창가에
슬픔을 모르는 못난이 인형처럼 앉아있을 때
와락 나를 끌어안으며 그리웠다고 소리치는 그가 있습니다

구름을 지나온 달처럼
잠에서 깨어난 꽃처럼
우울이 터져 나올 때

손으로 다 가릴 수 없이 새어나오는 그의 얼굴을 만지다
지친 바람처럼 잠이 드는, 그런 슬픈 날이 있습니다

사랑을 모르는 그녀에게

한 방울의 슬픔이 바다가 되기까지
그녀는 너무 많은 사랑을 했습니다

그녀는 숲에 누워 생각했습니다
지난날 걸었던 뜨거운 모래 위를

새들이 물 위를 날아다니며
그녀의 그림자에 편지를 쓰던 날들이 있었습니다

숲에 누워 생각하던 그녀는
모래에 부서지던 물방울을 그리워했습니다

마주 보면 선으로 대답하는 바닷가에서
마을의 불빛이 다 꺼질 때까지 기다리던 사람이 있었습니다

그녀는 너무 많은 사랑을 알고 있습니다
한 방울의 슬픔이 바다가 될 때까지
모래 위를 걷던 햇살이 숲에 누워 잠들 때까지
그녀의 사랑은 끝나지 않는 한 줄의 편지였습니다

제3부

그녀는 빨간 신호등을 보고 있다

겨울 길을 걷는 법

길 위에 눈이 쌓인다
쌓였던 길은 반쯤 녹아내리더니
밤새 얼어버린다

길이 울퉁불퉁하다
한낮의 겨울 햇살이
길을 녹이려 한다

질퍽해진 길은
겨울바람에 다시 얼어버린다
다음날 길은 더 미끄럽다

미끄러운 길 위에 또 눈이 내린다
보송보송한 길처럼 보이지만
길을 밟고 지나가는 사람이 넘어진다

넘어진 사람은 길 위에 누웠다
길 위에 누운 사람은
눈송이가 내리는 하늘을 본다

또 밤이 온다
길은 어제보다 얼어있다
길은 길을 지우고 햇살은 어디론가 도망친다

마침내 얼음길이 되었다
걸을 수 없는 길 위에 서서 생각한다
넘어지지 않으려면 어느 쪽으로 가야 하는지

그냥 미끄러져 본다
아주 조금 앞으로 간 것도 같다
하지만 또 어디로 가야하나

달려본다
얼어버린 겨울 길을 달리다가 넘어진다
차라리 길이 깨어지면 좋겠다고 생각한다

길이 녹아
도망간 햇살이 돌아오면
봄꽃이 핀다는 말을 들었다

일어나 길을 내려다본다
거울이 되어버린 길을 보다가
바람이 지나가는 소리를 들었다

끝나지 않을 것만 같은 겨울이다
차라리 눈이 또 오면 좋겠다고 생각한다
길을 바라보는 내가 보이지 않을 테니

길을 걷는다
바라보지 않고 그냥 걷는다
넘어지고 싶어 걸으니 넘어지지 않는다

가로등이 많아진 이유는 어둠 때문이 아니다

길은 잠들지 못하고 밤을 지켜야 한다
자꾸만 어둠 속을 걷는 사람들 때문이다

아침이 오기 전에 빗물이 먼저 내리는 날이다
어제 보았던 달과 구름이 보이지 않는다

엘리베이터가 소리를 낸다

참지 못하고 집을 나서는 사람이거나
참기 때문에 집을 나서는 사람이겠지

어둠이 흐려지고 있는 이유는 가로등 때문이 아니다
아침보다 먼저 흩어지는 안개와 햇살에 취한 산의 뒤척임,
오래 울지 않던 새가 강물에게 던지는 편지를 읽어야 하기 때문이다

길은 잠들지 못하고 눈을 떠야 한다
가로등이 눈을 감을 때, 찰나의 순간을 기억해야 하기 때문이다

그녀는 파란 신호등을 보고 있다

달리던 빗물이 사거리에서 멈춘다

빨간 불은 파란불이 찍어놓은 쉼표 앞에서 망설이다 돌아온다
정지하는 법을 잊은 와이퍼는 더 크게 소리를 내며 움직인다

빗물은 같은 속도로 내리지만
와이퍼는 다른 속도로 움직인다

신호는 같은 색으로 빛나지만
차들은 정지하거나 움직인다

그녀는 신호등의 불빛을 바라보지 않는다
브레이크와 액셀 사이에서 망설이는 발끝

그녀는 다른 차들의 불빛을 따라간다

때론 신호등보다 먼저 움직이는 차들이
마침표를 찍을 때가 있다고 생각하면서

그녀는 빨간 신호등을 보고 있다

멈추고 싶지 않았지만 브레이크를 밟고 선다

똑같은 모습으로 길 위에 멈춘 것처럼 보이지만
차 안의 풍경은 저마다 다르다
어떤 사람은 문자 메시지를 들여다보며 한숨을 쉬고
어떤 사람은 거울 속 풍경이 되어버린 얼굴을 보고 있다

그녀는 빨간 신호등을 보고 있다

불빛이 바뀌기를 기다리는 동안은 긴 시간이지만
어쩌면 촛불이 꺼지는 만큼의 순간일지도 모른다
하얀 연기가 선을 그으며
허공을 휘젓고 떠나는 동안의 시간인지도

브레이크를 밟고 있는 발끝이 슬퍼졌다

발을 들어 올리는 순간은 잠깐이지만
어쩌면 그것은 영원보다 오래일지도 모른다
우주를 떠나는 동안의 긴 시간이지만
푸른 불빛의 화살표를 따라 찍는 마침표일지도

날개

하늘을 날면
더 빨리 갈 수 있다고 믿었다

닿을 수 없는 곳에 서 있는
너를 찾으러 날아가고 싶었다

너도 안개로 가득 찬 활주로에서
불빛을 쏘아 올리며 날고 싶었는지

살아간다는 것은 시간을 보내는 일이다
시간이 흘러가는 것은 너를 알게 되는 것이다

어디에 있는지도 모르는 너를 찾겠다고
그저 날고만 싶은 슬픈 날들이 있었다

달리는 그녀를 사랑한다

그녀는 달리는 것이 싫어
거대한 돌처럼 방안에 앉아
침묵하는 것을 사랑했다

그녀는 바람을 맞으며 달리는 것이 두려워
숨조차 빠져나갈 수 없는 차 안에서
소리치는 것을 사랑했다

어느 날 그녀는
아무도 달리지 않는 길에서
문득 창문을 열었다

바람과 침묵이 정지한 채
멀어져 가는 그녀를 바라보았다

날개를 잃어버린 시간이
그녀를 따라 달리기 시작했다

이제 그녀는
바람 속을 달리는 것을 사랑한다
침묵도 외침도 없이
길이 되어가는 그녀를

너는 지금도 어느 도로를 달리고 있겠지

검은 도화지처럼 세상이 어두워질 때면
너는 도로를 달리기 시작한다고 했다

불빛 사이를 달리다가 어둠 속으로 들어가면
길 한가운데 서 있는 너를 만나게 된다고
깜빡이도 켜지 않고 앞을 막아선 차처럼
낯선 네가 길 한가운데 서서 너를 바라본다고

어떤 날은 브레이크를 밟지 않고
지나쳐가기도 하고
또 어떤 날은 일부러 액셀을 힘껏 밟아
빠른 속도로 지나간다고

차라리 그런 날들이 더 낫다고 했다

길 위의 너를 지나칠 수 없어 차를 세울 때면
차가 소리를 내며 도로를 훑어내고
찢어진 길의 틈새로 빛이 새어 나와
가로등보다 환한 네가 두 팔을 벌리고 달려온다고

그러면 너는 눈물을 참을 수 없어 핸들을 놓고
페달을 밟은 채 어둠이 되어야 한다고

나는 그 때 그 말을 이해하지 못하고
그냥 네가 꿈을 꾼다고 생각했다

내가 밤의 도화지 위를 달리게 되었을 때
길 한가운데 서 있는 나를 보았다
수많은 내가 앞에서 나를 바라보고
그보다 많은 내가 뒤에서 달려오고

브레이크가 고장난지도 모를,
어쩌면 속도계가 멈춰버렸는지도 모를 차에 앉아
마침내 길이 찢어지는 소리를 듣게 되었다

찢어진 틈으로 쏟아지는 빛의 비명소리를 들으며
핸들을 놓치지 않으려고 소리쳤다

나는 멈추고 싶지 않아, 나는 달리고 싶지 않아

눈보라 속을 걷고 있는

이렇게 많은 눈이 내리기를 기다렸던 것은 아니다
속삭이듯 말을 거는 날개처럼
나와 눈을 맞추며 한두 송이 내려주기를 바랐을 뿐이다
손을 내밀면 춤을 추듯 내려와 눈물처럼 사라지는 꽃잎이기를

이렇게 거센 바람이 불어오기를 원했던 것은 아니다
발을 내딛는 것이 힘겨워 옷깃을 여미고
고개 숙여 한발 한발 걸어가고 싶지는 않았다
고개를 들면 얼굴에 부딪치는 따가운 눈송이들,
눈을 감고 어둠 속을 걸어야 하는 것을 바라지는 않았는데

옷자락이 바람에 날리고
눈송이가 휘날려 눈을 감아야 하는 걸음에도
무언가를 기다리는 사람처럼 잠깐씩 멈추는 사이가 있다
그 시간 속으로, 어쩌면 내가 모르는 공간일 수도 있는 곳으로 바람이 부는 것도 같다

이렇게 많은 시간이 흘러가기를 바란 것은 아니다
꽃이 지듯 천천히 떨어졌으면 좋겠다고 생각했다
한 걸음씩 길의 끝에 가 닿기를,
눈이 내리는 날에도 눈을 뜨며 걸어갈 수 있기를 바랄 뿐이었는데

잠깐 멈추는 사이에 어디론가 와버렸다
알 수 없는 공간일수도, 어쩌면 시간일 수도 있는 바람의 길

눈보라 속을 걷고 있는 노인을 보았다
지팡이를 짚고 한 걸음씩 발을 내딛으며 천천히 앞으로 걸어가고 있는 노인
무언가 급할 것도 없고 서러울 것도 없이 그저 길을 걷고 있는 뒷모습일 뿐인데

또 하루

나의 밤이 감은 눈을 뜰 때
빛은 어둠을 머금고 서 있다

밤이 삼키고 남은 별들이
길에 떨어져 어제를 노래한다

새벽을 기다리는 사람들이
빛을 마주한다

아침을 뱉어내는
어둠의 마지막

달리고 싶은 차들이
도로를 질주한다

뒤척이며

어제보다 더 멀리 왔는데
눈을 떠보니 같은 천장이었어

도로를 달리고 달리는 시간이 모여
지도가 끝나고, 또 다른 지도를 넘어

지치고 아픈 발이 꿈속에서도 느려지는데
눈을 떠보면 왜 늘 같은 자리인지 몰라

그때보다 더 낡아진 옷을 입고
그날보다 더 붉어진 눈으로 바라보는데

모든 것이 달라진 또 다른 우주에서 눈을 떠
왜 같은 천장이 나를 바라보고 있는지 몰라

가끔은 돌아누워야 하나 봐
벽을 바라보며 눈을 뜨는 아침이 필요한지도 몰라

내려다보는 천장이 귀에 대고 속삭이는 소리를
조금 더 크게 들을 수 있도록

미러엔 온통 감자꽃이었다

쉬지 않고 달리느라 지친 봄날
브레이크에 발을 올리고 싶지만
오히려 더 힘껏 속도를 내고 있다

오른쪽이 맞는지 아니면 반대인지
답을 모르는 채 우회전을 하는 차에 앉아
얼굴을 비춰줄 수도 없는 거울을 바라보았을 때

내가 달려온 길이 온통 꽃밭이었다는 거짓말이 아파
창문 너머의 세상에 대고 소리치고 싶었다
꽃들이 초록의 몸으로 버티고 서서 길이 되는 풍경에게

멈추는 법을 잊은 봄날
길의 끝에서 달려오는 거울의 뒷면에게
제발, 꽃을 보라고 소리칠 수밖에 없었다

브레이크가 고장 났다고 합니다

오래 세워놓은 듯 녹슬어 버린 부품과
제대로 말을 듣지 않는 고장 난 브레이크로
얼마나 많은 길을 질주하고 있었던 걸까요

멈추고 싶었는데,
조금씩 앞으로 밀려나가는 자동차를 보면서
뭔가 이상하다는 생각을 하긴 했습니다

멈추고 싶은 곳에서 정확히 멈추지 못할 때마다
언젠가는 무언가에 부딪혀
부서질지도 모른다는 생각도 했습니다

괜찮으면 좋겠다고 생각했나 봅니다
괜찮을 거라고 믿고 싶었나 봅니다

어쩌면 멈추고 싶지 않았는지도 모릅니다
고장 난 브레이크로 질주하면서
오래오래 달리고 싶었는지도 모르겠습니다

이제 자동차는 새로운 길을 달리게 되었습니다
늘 다니던 길이었지만
멈추는 곳이 달라졌기 때문입니다

비를 맞은 핸들은 그냥 조금 미끄러운 것 같아

빠르게 지나가면 물보라를 일으키는 타인을
물끄러미 바라보다 빙그르 돌아버린 것 같아

울고 있는 앞유리보다 더
슬픈 척을 하고 싶은 것 같아

자꾸만 밟히는 브레이크보다
앞으로 나아가고 싶은 그보다

같은 자리에서 이리저리 돌아가는 게
토할 것만 같다고 말하고 싶지는 않은 것 같아

튕겨 나갈까 봐 매고 있는 검은 벨트에 의지하는 게
너무나 당연하다고 말하지만

어떤 게 튀어나올지 몰라 꼭 잡은 두 손바닥에
조금씩 차오르는 땀방울보다
더 불쌍하다고 말하고 싶지는 않은 것 같아

어쩌면
아주 조금 갈라진 듯
괜찮은 듯

선이 되어버린 균열 속에 앉아
비 오는 소리를 들을 수 있는 공간이

젖은 핸들만큼 슬프지는 않다고
말하고 싶은 것 같아

빗물에 나뭇잎이 떨어지는 것을 보았다

흘러가는 물 위에 빗물이 내려앉고
그 위에 마른 나뭇잎이 떨어진다

우산을 준비하지 못한 사람들의 발걸음은 빨라지고
우산을 들고나온 사람들의 발걸음은 느려졌다

햇살을 믿고 산책을 나온 사람들은
빗물이 지운 세상을 바라보며 걷고

나는 투명한 우산을 쓰고 빗속을 걷는다

빗방울을 맞으며 나뭇잎이 떨어진다
세상은 온통 물방울로 정지하고

아무렇지도 않게

잠시 후 열차가 들어온다
지난 역을 출발한 열차는 이곳으로 오고 있다

선로엔 새가 흘리고 간 깃털이
마지막을 준비하는 중이다

열차가 들어온다
지난 역을 떠나온 열차는 이곳에서 멈춘다

선로엔 깃털의 마지막이 바퀴에 눌려
뜨거운 작별을 하는 중이다

열차가 출발한다
이번 역을 떠난 기차는 다음 역으로 가고 있다

선로엔 아무것도 없다
멀어져 가는 열차를 바라보는 중이다

사다리를 올라간다

왼쪽으로 한 번

다시 오른쪽으로 한 번
지그재그로 꺾인 사다리를 올라간다

새벽 공사장은 안개에 가려져 있다
어제 끝내지 못한 일도
오늘 해야 할 일도
완성되지 않은 건물인 채로 아침을 기다린다

아침이 몰려온다
공사장엔 불꽃이 일고

움직이는 사람과 정지한 사람
뒷짐 지는 사람과 팔을 걷은 사람
땀 흘리는 사람과 나른한 사람이
사다리를 올라가며 일을 하고 있다

왼쪽으로 한 번, 다시 오른쪽으로 또 한 번
지그재그, 수직으로 만들어진 길을 올라간다

내려가고 싶지 않은 길이다
아래를 쳐다보면 아찔한 풍경
멈추지 않고 계속 올라가야 할 것만 같은 사다리를 본다

어둠이 돌아올 때

누워있던 어둠이 일어난다
안개가 닫아 놓은 창을 열고 불빛과 멀어진다
돌아누운 인형은 아직도 잠든 척을 하고
스피커는 괜찮은 척 빠른 비트를 뱉어낸다

어둠은 도로를 달린다
죽음을 따돌리고 휴게소에 멈춘 어둠이 소란스럽다

어둠은 허기지다
채울 수 없는 것들로 터질 듯 채워 넣은 것들을 비우고
비워진 곳에 무언가를 또 채우려고 서성거린다

어둠은 온통 불빛이다
불빛은 어둠을 등지고 걷는다

어둠은 그녀를 생각했다
안개에 가려진 빛을 찾던 그녀를
어둠의 허리를 걸으며 산이 되어가던 그녀의 머리카락을
반쯤 지워진 립스틱에 입 맞추던 그때를
언덕을 오르던 자전거보다 빨리 달려야했던 슬픔을
가을 산보다 어두워지지 않으려고
차가운 눈꽃을 안고 서 있던 바람 속을
집이 없는 고라니처럼 골목에서 울던 밤을

어둠은 톨게이트를 빠져나간다
그녀에게 돌아가는 길은 불빛이 없다
죽음을 따돌렸다는 생각에 마른 잎처럼 웃는 어둠

어둠은 그녀에게 돌아간다

인형은 아직도 잠든 척을 하고

얼마나 오랫동안 기차를 기다렸는지 모르겠습니다

간이역도 없는 들판에서
기차가 지나가면 좋겠다는 생각을 했던 것 같습니다

플랫폼이 생기고 나서도 내가 어떤 기차를 기다리는지 알 수가 없었습니다
때론 반대편에 서서 기차가 떠나가는 것을 바라보며 후회하기도 했었지요

때론 선로를 걸어오는 사람이 있어
달려가 나를 만나러 온 거냐고 물어보기도 했습니다
그는 그저 먼 길을 떠나온 사람이라고 했습니다
어느 역에서 멈출지, 언제까지 여행이 계속 될지도 모르지만
그냥 걸어보고 싶다고 했습니다

어떤 날은 위험 표시가 있는 곳에
민들레 꽃잎이 앉아 있을 때도 있었습니다
바람에 날아가는 홀씨를 보며
다음 세상에는 나도 하늘을 날면 좋겠다고 생각했습니다

기다린다는 것은
오래 서서 아무도 오지 않는 길을 바라보는 일인가 봅니다
때론 그 길에서 걸어오는 사람이 나를 지나쳐도
나는 또 다른 기차를 기다리며,
떠나지 못하는 승강장처럼 서 있다가
땅이 울리기를 기도하는 수밖에 없겠지요

나는 얼마나 오랫동안 선로를 바라보고 있었는지도 모르겠습니다

운전석에서

문을 열기 전
바퀴를 멈춰야 한다

기어를 바꾸기 전
지도를 봐야 한다

가끔은 뒤를
때때로 옆을
그리고 정면을
응시해야 한다

선을 바꿀 때는 망설임 없이
그러나 주변을 살펴야 하며
노래는 편안하지만
너무 슬프지 않아야 한다

눈이 오거나 비가 내리면 천천히
안개가 짙은 날에는 조금 더 천천히

때론 창문을 내리기 좋은 바람이 불지만
어디로 가고 있는지 기억나지 않아
바퀴를 멈추지 못하고
끝없이, 뜻없이 달려가야 한다

회상

교복을 입고 걸었던 골목에
그 애의 오토바이가 서 있다

얼마나 오래 내 방을 올려다보았는지
가로등보다 더 고독한 눈빛이었다

그 애는 달리는 것을 좋아했고
나는 멈추어 서 있는 것을 좋아했기에
우리는 결국 헤어졌다

그래도 한번은 그 애의 오토바이를 타고
도로를 달려본 적이 있었다

떨어질 것이 두려워
그 애의 허리를 꼭 잡고 등에 기대면
왠지 더 빠르게 달리고 싶은 마음이었다

그 때는 알지 못했다
두 눈을 똑바로 쳐다보지도 못하는 입술을
그저 바라보기만 하고 돌아서던 눈물을
이토록 오래도록 가슴을 달리는
고독한 눈빛의 골목을

제4부

혼자 걸어가는 사람의 뒷모습을 보았습니다

고양이가 사는 기차역

막차를 타고 기차역에 도착했다
적막한 기차 안의 어둠보다 졸음이 짙었다
기차가 멈추고 플랫폼을 걷는데
서늘한 밤기운에 어깨가 움츠러들었다

에스컬레이터는 좁고 가파른 길,
몰려드는 밤안개 속에 서 있는데
뒤에서 다정한 목소리가 들린다

이건 고향의 냄새야

돌아보니 무릎에 닿을 듯,
작은 꼬마의 손을 잡은 여자와
여자의 아버지인 듯 미소를 머금은 노인이 보인다

고양이 냄새?

아이는 눈을 동그랗게 뜨고 둘러본다

이게 고양이 냄새야?

두리번거리는 아이의 모습에
차가운 밤이 녹아 금방 아침이 올 것만 같다

고양아, 어디 있니?

아이는 자꾸 고양이를 부르고
그 목소리를 듣는 사람들은 들국화처럼 웃었다

도시에 다녀오는 길,
지친 다리는 고양이처럼 걷고 있었지만
그 후, 밤안개 속의 기차역을 며칠 동안 떠올렸다

거름 냄새가 뛰어다니는 들판에서 고양이를 찾다가
야옹, 혼자 대답하는 이상한 습관도 생기고

꽃이 떨어지는 소리

손톱으로 꽃잎을 만들면 좋겠어
그녀는 손톱을 자르다 말고 말했다

손가락 끝에서 잘려 나온 다섯 조각의 손톱을
조심스레 책상 위에 올려놓는다

손톱이 모여 꽃잎이 되면 좋겠어
그녀는 손톱 조각을 꽃잎처럼 늘어놓는다

그녀의 손끝이 닿을 때마다
손톱 조각은 서로 다른 방향으로 튀어 오른다

꽃이 되면 좋겠어
그녀는 슬퍼지려한다

그녀가 힘을 주어 꽃잎을 누른다
책상 위에서 뛰어내리는 꽃잎, 손톱 끝으로 숨어드는 꽃잎, 죽은 척 누워있는 꽃잎, 손가락 끝에 붙어버린 꽃잎

꽃은 사라지고 손톱만 남았어
그녀는 잊어버리려 한다

사라지는 꽃잎들,
그녀는 꽃이 되고 싶어 손톱을 잘랐다

톡, 톡 꽃이 지는 소리
핏물이 떨어지는 소리

국제 강아지의 날에

공짜로 가져가세요
3월 23일, 시골 장날
강아지 네 마리 플라스틱 상자에 담겨있다

아직은 봄바람이 차갑지만
그래도 어제보다는 따뜻한 날

어미는 하얀 진돗개지만
아비는 어디 사는 뉘 집 개인지도 모른다는데

지나가는 사람들이 한 번씩 만져보고
가다말고 돌아와 또 한 번 안아보고
눈망울이 순한 강아지 네 마리

형제들이 다 떠나고 한 마리만 남은 상자엔
세상에 태어난 지 한 달 남짓의 그림자가
햇살 한 뼘보다 더 작은 무게로 움츠리는데

공짜로 가져가라는 말보다
더 따뜻한 말은 없을까 고민하는 사이
텅 빈 상자엔 미안한 마음만 한가득 남은
가는 날이 장날인 강아지의 날이었다

그만큼만

눈을 꼭 끌어안던 나뭇가지가
후두둑 뱉어내듯 쏟아낸다

더 많이 안고 싶어도 가슴이 좁아
꼭 그만큼만 사랑할 수밖에 없는 나무들

한 아름 쏟아지지 않는 눈을 끌어안은
하얀 숲

발자국 위로 걸어가는 눈송이들이
길을 지우며 다시 길을 만들고

숲은 눈의 소리를 길어 올리며
꼭 그만큼만 춥다고 고개를 든다

나는 그동안 깊은 잠에 빠져 있었어

담 아래 쭈그리고 앉아 있는 고양이와
그 옆에 나란히 벗어놓은, 뒤축이 구겨진 신발을 보았어

고양이는 신발을 벗어놓고 하품하고 있었지
나는 신발을 신고 고양이의 입속으로 들어갔어

나의 동굴과 같은 무늬의 벽이 있었어
축축하고 어둡고 붉은 바닥
나는 신발이 구겨져 똑바로 걸을 수가 없었어

그래도 끝을 알고 싶어서 계속 동굴 속을 걸었어
돌아가고 싶은데 신발이 너무 커서 돌아설 수가 없었지

한참 가다 보니 고양이가 우는 소리가 들렸어

천장이 흔들리고 물방울이 떨어졌어
머리카락이 젖기 시작했지
나는 더 이상 걷고 싶지 않았어
너무 두려워서 끝이 궁금하지 않게 된 거야

영화 속에서 사람들은 끝까지 걸어
그리고 밖으로 나갈 수 있지
하지만 나는 그럴 수 없다는 걸 알았어

할 수 없이 고양이처럼 몸을 웅크리고 주저앉았어
그때, 고양이가 눈을 번쩍 뜨고 신발을 찾았지
야옹, 하고 크게 울었어, 아주 크게 말이야

고양이는 이빨을 드러내고 으르렁거리더니
나를 쫓아오기 시작했어

나는 어쩔 수 없이 달렸어

신발이 벗겨지려 해서 빨리 달릴 수가 없었어
그래서 할 수 없이 신발을 벗고 달렸어
고양이가 미친 듯이 계속 쫓아왔어
나는 그 순간 빛을 보았어

아주 더러운, 아주 아주 더러운 구멍에서 빛이 쏟아지고 있었지
그런데 나는 그만 정지해 버렸어
그리고 그게 꿈이라는 걸 알게 된 거야

차라리 깨지 말 걸 그랬어
그냥 그 빛 속으로 달려갈 걸

눈을 떴을 때
나는 어둡고 축축한 방안에 누워있었어

창문 너머, 쭈그리고 앉아 있는 고양이가
뒤축이 구겨진 신발을 신고 울고 있었지

네가 있던 마음에 아직도 동그라미가 생긴다

오대산 월정사 금강교 아래
수달이 살고 있었다

사람들이 많지 않은 저녁 무렵
집으로 돌아가던 수달을 만났던 기억

며칠 후 큰 비가 내렸다
바위가 아래로 굴러 내려오고
계곡 바닥이 차올라 물이 얕아졌다

수달의 집은 흔적도 없이 사라졌다

그곳에서 수달을 봤다고 했을 때
사람들은 말도 안 된다며 웃었다

저녁 무렵 다리에 올라가
수달이 헤엄치던 자리를 바라본다

정말 그곳에 있었는지
아니면 해 질 녘의 마법이었는지도 모를
연못 위의 물빛 동그라미

네 글자로

헌 옷 수거함에 큼지막한 글씨가
발을 멈추게 한다

못 받은 돈

네 글자만 적었는데
무슨 말인지 다 알 것 같다

선금 없음

괄호 안의 글자는
천생연분처럼 궁합이 맞는다

세상에 내가 못 받은 돈이 남아있으면
얼마나 좋을까

좀 더 길게 적고 싶지만

이하 생략

디지털 문해교실

경례야, 순례야,
뭐하나?
성례야, 뭐하나?

글을 모르시는 복순 할머니
카톡으로 목소리를 보내신다

드릅 따가지고 갔나?
마이 따가지고 갔나?

됐어, 이제 끊고,
잘 갔나?

눈물 샤워란 노래를 틀고

이어폰이 돌아가고 있다
세탁기 속, 유리문 너머 몸을 씻고 있다

무슨 소리를 내고 있는지 알 수 없지만
내 귓속을 지나간 소리 중에 하나겠지

거품이 닿으면 따가울까 봐
눈을 꼭 감은 채
유리에 부딪히며 춤을 추고 있다

이제 그만 하고 싶었나보다
어두운 동굴 속에 머리를 밀어 넣고

부르고 싶지 않은 노래를 부르고
걸고 싶지 않은 전화를 걸고

잠이 들었다가도 혼자 떠드는 넷플릭스 때문에
새벽에 눈을 뜨는 긴 하루에게서
도망치고 싶었나보다

정지 버튼이 말을 듣지 않는다
시간은 자꾸만 흐르고

흠뻑 젖은 이어폰이
하얀 얼굴로 뚜껑을 열며 걸어 나온다

숲이 들려준 이야기

가을 숲길을 걷고 있었다
열매를 두 볼 가득 물고 가던 다람쥐가 나무를 올려다보며 말했다

사람들은 붉은 잎을 보면 바람에 물들었다 말하지만
초록에게 내어 준 빛을 돌려받은 것뿐이야
쏟아지는 여름 햇살이 힘겨울까 봐
초록으로 하나가 되어 파도 소리를 들려주는 거야
물결처럼 흔들리는 나뭇잎들이
숲을 하나로 만들어가며 자라는 거지
사람들은 나무의 마음을 알지 못하지만
그저 푸른빛이 좋아 숲길을 걸을 뿐이야
지친 햇살이 쉬어갈 때쯤 초록은
하늘로, 때론 바다로 흩어지고
처음의 빛으로 돌아간 나뭇잎들이
저마다의 모습으로 손을 흔들면
눈사람의 나라에 그 마음이 닿아 첫눈이 내리는 거지
그러면 나무들은 또 한 가지 빛깔로 서로를 의지하며
새하얀 숲으로 겨울을 나는 거야

허리를 굽히고 경청하는 내게 다람쥐는 열매 한 알을 내밀었다
그 속에 사람이 있었다
빛을 알고 있는 진짜 사람이 긴 잠을 자며 꿈을 꾸고 있었다

다람쥐는 숲으로 사라지고
길이 아니라고 생각했던 덤불 속에
아주 작은 길이 바스락, 빛나고 있었다

아가씨꽃을 읽으며

동산리 경로당에 모여
할머니들과 시를 읽는다

아까시꽃을 아가시꽃이라 읽는
할머니의 목소리를 듣고 있으니
정말 아가씨꽃이 어디 있을 것만 같다

바람에 흩날리는 하얀 꽃잎과
풋풋하고 싱그러운 햇살이
시를 읽는 할머니의 시간을 되돌린다

나이라는 말은 꽃잎 속에 묻히는
아주 작은 햇살과도 같다

먼 훗날
머리에 하얀 꽃잎이 수북한 할머니가 되어도
아가씨처럼 시를 읽는 상상을 해본다

세월은 그냥 바람이 부는 대로 흘러가는 것일 뿐
꽃잎은 언제나 아가씨꽃으로 피어난다

아들의 뒷모습을 보았다

멀어지는 아들의 뒷모습을 바라본다
뚜벅뚜벅 기차역으로 가는 아들의 걸음,
커다란 짐이 그 뒤를 따라 걷는 밤이다

벌써 뒷모습을 알아버린 아들이 우산을 쓰고 간다
모자를 눌러 쓴 뒷모습이 밤의 기차역으로 멀어져 간다

돌아보지 않고 멀어지는 법을 배워 온 아들에게
손을 흔들며 눈물 흘리지 않는 법을 배우느라
나는 또 얼마나 많이 울었는지

아들이 뒷모습을 알아버렸다
엄마, 하고 달려올 줄만 알았던 완이가
커다란 짐이 되어 걸어간다

비는 또 주책없이 내리고,

아카시아 나무에

검은 비닐 한 장 걸려있어
올라가 떼어내고 싶다가도

저도 꽃이려니,
흰 꽃송이들이 저마다 피어날 때
바람에 흩날리는 달그림자려니,
그렇게 바라보니 또 아름다운 것이다

멀리 검은 새처럼
날아가고 싶었나,

이파리도 없이
꽃향기도 없이
눈을 맞고 서 있을 나무에게
겨울밤 자장가를 들려주었으려니

그렇게 생각하니, 또 고마운 마음이다

월정사 전나무숲길을 걷고 있었습니다

누군가 다가와 물었습니다

전나무숲길이 어디에요?

바로 여기가 전나무숲길입니다!

아, 그렇구나!

멀어지는 사람의 대답이 자꾸 따라옵니다

나는 여기가 어딘 줄 알고 걷고 있었을까요
여기는 정말 전나무숲길일까요

그냥 사람들을 따라 걷다 보니 다리가 아파옵니다

그냥 자꾸 걷다 보니 길이 끝나고 있습니다

어떤 모습의 밤이면

뜰 안에 장독대가 살고 있던, 그리 오래되지 않은 옛날에
사람들은 깨끗한 물 한 그릇을 떠 놓고 소원을 빌었다고 합니다
한 그릇의 물을 떠놓고 그 안에 달이 고이면 아마 눈물도 차올랐겠지요

눈물이 더해진 물그릇이 넘쳐 달빛이 흘러내리고
어느새 바다보다 푸른 마음이 될 때쯤이면
달을 닮은 세상을 꺼낸 닭이 빛으로 우는 새벽이 찾아왔겠지요

동그란 그릇에 담긴 물은 흘러가지도 않고
같은 모습으로 장독대를 지키며 하루를 보냈습니다

어느 밤은 두 손을 모은 이유를 잊은 채 새벽별이 떠오르기도 하고
달마저 몸을 숨긴 어두운 날이면 먹빛으로 젖은 얼굴을 들키지 않아
다행이라고 생각하며 아침을 맞았을지도 모릅니다

장독대가 사라진 날에
사람들은 네모난 불빛을 보며 밤을 보냅니다

전설 같은 이야기들이 끝없이 펼쳐지고
이루고 싶은 소원들이 달보다 빨리 몸을 바꾸는 네모입니다

어떤 밤은 두 손에 불빛을 꼭 쥔 채 잠이 들기도 하고
깜빡 잠들었다 눈을 뜨면, 혼자 이야기하는 사람들이 새벽을 지키고 있기도 합니다

어쩌면 동그란 그릇에 흘렸던 눈물과 같은 눈물일지도 모르겠습니다
기도는 끝나지 않고 새벽은 푸르게 하늘을 물들이며 찾아오니까요

또 오랜 시간이 흘러 밤은 어떤 모습의 눈물을 만들며 흘러갈까요, 그런 날이 오면 새벽은 별처럼 빛나고 하루는 바다처럼 푸르게 흐르고 있을까요

유튜브를 보면서

막내가 웃는다

중학생 무뚝뚝이가
숨이 넘어갈 듯 웃고 또 웃는다

누구일까,
뭐라고 하길래, 저렇게 웃는 걸까
슬쩍 들어보면 별말도 없는데

나는 웃다가 의자에서 떨어지는 아들 때문에
한참을 웃는다

천국의 이름

나는 죽음 너머의 세상이 있다는 것을 믿지 않는다
그것은 누군가를 기다리는 마음일 뿐이다

어디론가 흩어져버릴 것만 같은 시간을 붙잡아
세상 끝의 담장 너머로 던져 버린 후
거기 잘 있을 거라고 자신을 속이는 마음

한 번도 나를 찾아오지 않는 어머니가
지옥의 문 앞에서 울고 있을 거라고 생각하지 않는다
그토록 애타게 불러도 대답하지 않는 목소리가
천국의 꽃밭에서 나를 외면하고 있을 거라고 믿고 싶지도 않다

어머니는 다만 나를 기다리고 있을 뿐이다
아직 멈추지 않은 심장 속에 메아리로 남아
내가 울 때 한 번 더 울고
내가 행복할 때 같이 웃고 있을 거라는 것을 안다

나는 사실 죽음이 끝이라는 말을 믿지 않는다

언젠가 어머니를 만나 천국의 꽃 이름을 물어보면
어린 날의 내 이름을 부르며 안아주기를
죽음처럼 바라고 또 바랄 뿐이다

잠자리가 날아갈 때

날개를 통과하지 못하는 세상이
촘촘한 그물 사이에 끼어 울고 있다
잠자리의 날개를 통과하지 못하는 울음은 어떤 것일까

눈이 마주쳤다
우주의 별만큼 많은 눈동자가 나를 보고 있다
잠자리의 수많은 질문에 귀가 아팠다

나도 몰라 잠자리야, 나도 모른다고!
나는 잠자리가 미워졌다

잠자리의 꼬리는 계단
마디마다 넓이가 달라지는 계단

나는 계단에 앉아 울고 있다
잠자리는 허공으로 날아가며 비웃는다

너의 가벼운 날개,
우주를 볼 수 있는 눈
그리고 어디로든 갈 수 있는 꼬리가 미워서 운다

나는 잠자리에게 소리치며
계단을 움켜쥐었다

손안에 세상이 부서지고 있다
우주가 무너지고 있다

이제 나는 웃고 있다
잠자리는, 그래, 잠자리 너는,

처음으로

장례식장에서 만난 그 사람의 얼굴은
오래전 꿈결처럼 보았던 하늘다람쥐였다

세상을 살아 본 적이 없는 것처럼
오직 숲의 기운으로만 이루어진 눈동자는
낯선 세상이 두렵지 않은 듯 내 눈을 피하지 않았다

사람들이 나를 쳐다보는 것처럼
무엇을 판단하거나 심판하지 않고
그냥 그 순간의 마주침을 대하는 두 눈으로,
아무것도 입지 않았지만 벌거벗지도 않은 몸으로
버티고 앉아 나와 마주하고 있었다

인간 세상을 사는 누구도 그런 모습으로
사람을 마주하고 살지는 못할 거라는 생각이 들었다

어머니가 돌아가셨을 때의 나는 흰옷을 입고 울었다
너무 울어서 강물이 되어 버린 눈동자로
어머니의 뱃속을 처음처럼 떠다니며 사람들을 마주했다

누군가 내게 이제 끈 떨어진 연이라고 했는데
그 말을 듣게 된 순간부터 세상에 발을 딛고 살지 못했다

아버지를 잃은 그는
나처럼 끈 떨어진 연이 되지 않았다
그는 농부의 아들답게 흙이 되어 있었다

뿌리가 더 깊어진 나무가 되어
검은 옷자락 속에 마른 가지를 품고 있었다
온몸으로 아버지의 관이 되어
한세상 고단하게 살았던 시간들을 끌어안고 있었다

땅으로 살았던 아버지의 시간을 물려받은 그는
이제 비로소 땅이 되었다

한 번도 세상을 살아본 적이 없어 슬픔을 모르는
하늘다람쥐가 되어 있었다

한 송이가 된다는 것

오래된 그림 속에는 바람이 걷고 있다
꽃을 피우고 나무를 만지던 여러 겹의 바람이
한 송이 소녀를 따라 돌담길을 걷는다

꽃 한 송이를 들고 붉게 걸어오는 할머니를 만났다
꽃을 든 그녀는 세월이 여러 겹으로 접히기 전,
한 장의 그림이었던 소녀로 돌아간다

그녀는 맨발로 나뭇잎이 쌓인 길을 걷는다
가을이 쌓이고 쌓여 길이 되어버린 반계리에서
소원이 겹치고 겹쳐 나무로 버티고 있는 은행나무 앞에서

나무는 뿌리로 말을 하고
뿌리는 하늘을 움켜쥐는 법을 알고 있다

한 번도 그렇게 해본 적은 없었지만
나무는 딱 한번 하늘을 움켜쥐고 울었다
하늘을 걷고 싶어 눈을 감고 걷다가
뿌리에 걸려 넘어진 소녀 때문이었다

넘어진 소녀는 가을이 쌓여있는 길 위에 누웠다
하늘이 지나가고
구름 한 송이가 하얗게 피어오르던 날이다

오래된 그림 속에는 바람이 걷고 있다
꽃을 피우고 나무를 만지던 여러 겹의 바람이
넘어진 소녀를 따라 돌담길을 걷는다

혼자 걸어가는 사람의 뒷모습을 보았습니다

전나무숲길을 따라 나무들이 서 있는 길에는
사람들의 뒷모습이 걷고 있습니다

나무의 우듬지를 올려다보느라 고개를 들면
푸른 인사를 볼 수 있는 숲길이었습니다
가끔은 다람쥐가 달려 나와 마주 보다가
가벼운 꼬리로 인사하는 뒷모습이 있는 길

둘이 걷는 사람들의 뒷모습을 바라보며
사진을 찍었습니다
멀어지는 듯하면서도 거리를 잃지 않는,
그래서 둘이 되어 가는 사람들의 뒷모습에서
나란히 서 있는 나무들의 무늬를 보았습니다

뒤처지는 사람들을 기다리며 멈춘 발걸음이
햇살에 반짝이는 윤슬보다 빛나고 있다는 것을 알았습니다
손을 잡고 걷지는 않았지만
서로를 만지고 있는 나뭇가지의 뒷모습을 닮았습니다

숲의 한가운데서 혼자 서 있는 사람을 보았습니다
숨이 멈춘 듯 텅 빈 뒷모습으로 서 있는 나무를 만지며
오래오래 말을 거는 사람의 뒷모습을 보았습니다
태어나 처음으로 나무를 만났다는 그에게서
커다란 숲을 배웠습니다

뒷모습을 바라보며 걸을 수 없다는 걸 알면서도
자꾸만 뒤돌아보며 걷고 있었나 봅니다
올려다보면 구름을 안고 있는 하늘의 뒷모습,
함께 걸어가는 길 위에서 사진을 찍었습니다

그녀는 빨간 신호등을 보고 있다

펴낸날 2025년 8월 13일

지은이 김고니
펴낸이 주계수 | **편집책임** 이슬기 | **꾸민이** 허유진

펴낸곳 밥북 | **출판등록** 제 2014-000085 호
주소 서울특별시 마포구 양화로 156 LG팰리스빌딩 917호
전화 02-6925-0370 | **팩스** 02-6925-0380
홈페이지 www.bobbook.co.kr | **이메일** bobbook@hanmail.net

© 김고니, 2025.
ISBN 979-11-7223-098-2 (03810)

※ 이 책은 저작권법에 따라 보호받는 저작물이므로 무단전재와 복제를 금합니다.
※ 이 책은 평창군, (재)평창유산재단의 후원으로 발간되었습니다.